Meeting Survivalist:

Marked Safe
from dumb meeting

Copyright © 2019 A2 Designs   All Rights Reserved

Cover design ©2019 by A2 Designs

Mindfulness Journal Volume 1

Icons made by itim2101 from Flaticon

This work is protected by copyright. No part of this publication may be duplicated, reproduced, or transmitted in any form or by any means without written permission from the author or publisher.

Index of Dumb Meetings

Index of Dumb Meetings (con't)

Date: Time:

Participants:

Subject:

Notes:

Date: Time:

Participants:

Subject:

Notes:

Date: Time:

Participants:

Subject:

Notes:

Date: Time:

Participants:

Subject:

Notes:

Date: Time:

Participants:

Subject:

Notes:

Date: Time:

Participants:

Subject:

Notes:

Date: Time:

Participants:

Subject:

Notes:

Date: Time:

Participants:

Subject:

Notes:

Date: Time:

Participants:

Subject:

Notes:

Date: Time:

Participants:

Subject:

Notes:

Date: Time:

Participants:

Subject:

Notes:

Date: Time:

Participants:

Subject:

Notes:

Date: Time:

Participants:

Subject:

Notes:

Date: Time:

Participants:

Subject:

Notes:

Date: Time:

Participants:

Subject:

Notes:

Date: Time:

Participants:

Subject:

Notes:

Date: Time:

Participants:

Subject:

Notes:

Date: Time:

Participants:

Subject:

Notes:

Date: Time:

Participants:

Subject:

Notes:

Date: Time:

Participants:

Subject:

Notes:

Date: Time:

Participants:

Subject:

Notes:

Date: Time:

Participants:

Subject:

Notes:

Date: Time:

Participants:

Subject:

Notes:

Date: Time:

Participants:

Subject:

Notes:

Date: Time:

Participants:

Subject:

Notes:

Date: Time:

Participants:

Subject:

Notes:

Date: Time:

Participants:

Subject:

Notes:

Date: Time:

Participants:

Subject:

Notes:

Date: Time:

Participants:

Subject:

Notes:

Date: Time:

Participants:

Subject:

Notes:

Date: Time:

Participants:

Subject:

Notes:

Date: Time:

Participants:

Subject:

Notes:

Date: Time:

Participants:

Subject:

Notes:

Date: Time:

Participants:

Subject:

Notes:

Date: Time:

Participants:

Subject:

Notes:

Date: Time:

Participants:

Subject:

Notes:

Date: Time:

Participants:

Subject:

Notes:

Date: Time:

Participants:

Subject:

Notes:

Date: Time:

Participants:

Subject:

Notes:

Date: Time:

Participants:

Subject:

Notes:

Date: Time:

Participants:

Subject:

Notes:

Date: Time:

Participants:

Subject:

Notes:

Date: Time:

Participants:

Subject:

Notes:

Date: Time:

Participants:

Subject:

Notes:

Date:

Time:

Participants:

Subject:

Notes:

Date: Time:

Participants:

Subject:

Notes:

Date: Time:

Participants:

Subject:

Notes:

Date: Time:

Participants:

Subject:

Notes:

Date: Time:

Participants:

Subject:

Notes:

Date: Time:

Participants:

Subject:

Notes:

Date: Time:

Participants:

Subject:

Notes:

Date: Time:

Participants:

Subject:

Notes:

Date: Time:

Participants:

Subject:

Notes:

Date: Time:

Participants:

Subject:

Notes:

Date: Time:

Participants:

Subject:

Notes:

Date: Time:

Participants:

Subject:

Notes:

Date: Time:

Participants:

Subject:

Notes:

www.ingramcontent.com/pod-product-compliance
Lightning Source LLC
Chambersburg PA
CBHW060854220526
45466CB00003B/1373